¡HOLA, MAMÁ! COMPARTAMOS SECRETOS

Este diario pertenece a

MAMA

Nombre

Firma

Fecha

Nombre

Firma

Fecha

Nombre

Firma

Bienvenida

Bienvenida a "Hola Mamá, Compartamos Secretos": un diario especial solo para las dos.

Este es tu pequeño espacio para reír, soñar, recordar—¡y sí, compartir secretos! La vida va rápido, y no siempre es fácil encontrar momentos de tranquilidad para conectar de verdad. Por eso existe este diario: para desacelerar y abrir sus corazones.

Adentro encontrarás actividades divertidas, preguntas para reflexionar y espacios abiertos para escribir, dibujar y reflexionar juntas. Algunas páginas son ligeras y divertidas, otras van un poco más profundo—pero todas están aquí para ayudarte a entenderse mejor, construir confianza y crear recuerdos que durarán toda la vida.

No hay una forma correcta o incorrecta de usar este diario.
Sigue el orden o salta de página a página.
Escribe todos los días o de vez en cuando.
Hazlo a tu manera, a tu ritmo.

Lo que más importa es que sea tuyo: un lugar seguro para la honestidad, las risas y el amor.

Disfruten cada momento, maravillosa mamá y maravillosa hija. ¡Que comience el compartir secretos!

ESTO SOMOS NOSOTRAS.

Pega aquí
tu foto
favorita.

SECCIÓN UNO

SOLO POR DIVERSIÓN

Si pudiéramos inventar un día festivo, ¿cómo lo llamaríamos?

MAMÁ DICE

¿Cuál es el recuerdo más divertido que tenemos juntas?

MAMÁ DICE

Si cambiáramos lugares por un día,
¿qué harías siendo yo?

HIJA DICE

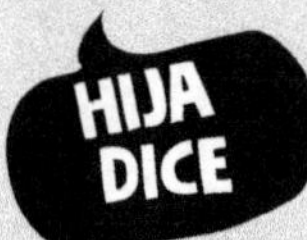

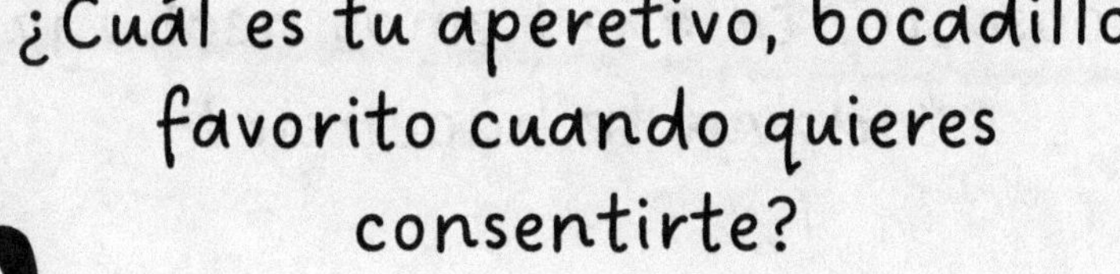

¿Cuál es tu aperetivo, bocadillo favorito cuando quieres consentirte?

MAMÁ DICE

Si tuviéramos un saludo secreto, ¿cómo sería?

¿Qué cosa tonta que hemos hecho juntas todavía te hace reír?

MAMÁ DICE

HIJA DICE

ja
ja ja
ja

MAMÁ DICE

¿Cuál es tu diá festivo favorita y por qué?

HIJA DICE

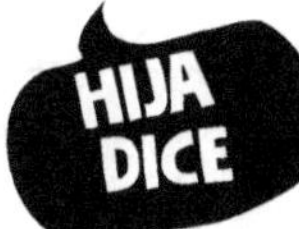

¿Cuál es tu tradición favorita de las fiestas que hacemos, o que deberíamos empezar a hacer?

MAMÁ DICE

HIJA DICE

MAMÁ DICE

¿Qué es lo que más te encanta de la forma en que nos reímos juntas? Describe un momento en que no pudimos dejar de reírnos.

Si fuéramos un dúo famoso, ¿cómo se llamaría nuestro equipo?

¿A qué animal te pareces cuando estás de mal humor?

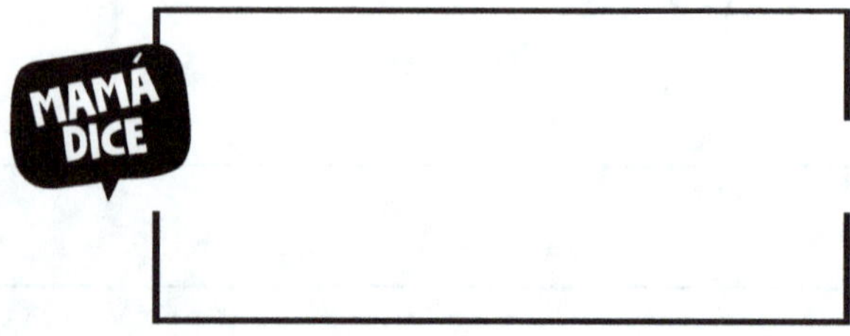

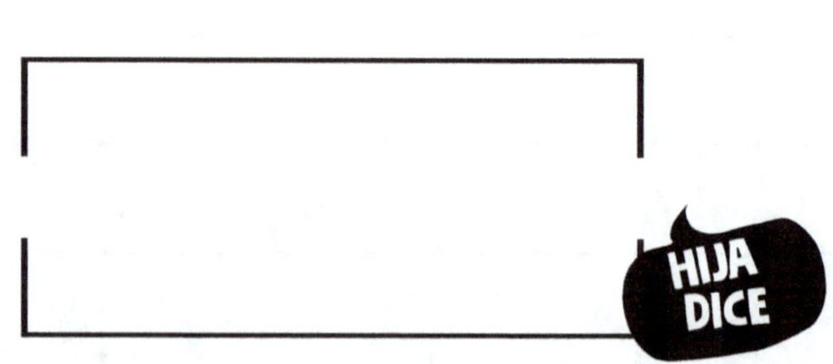

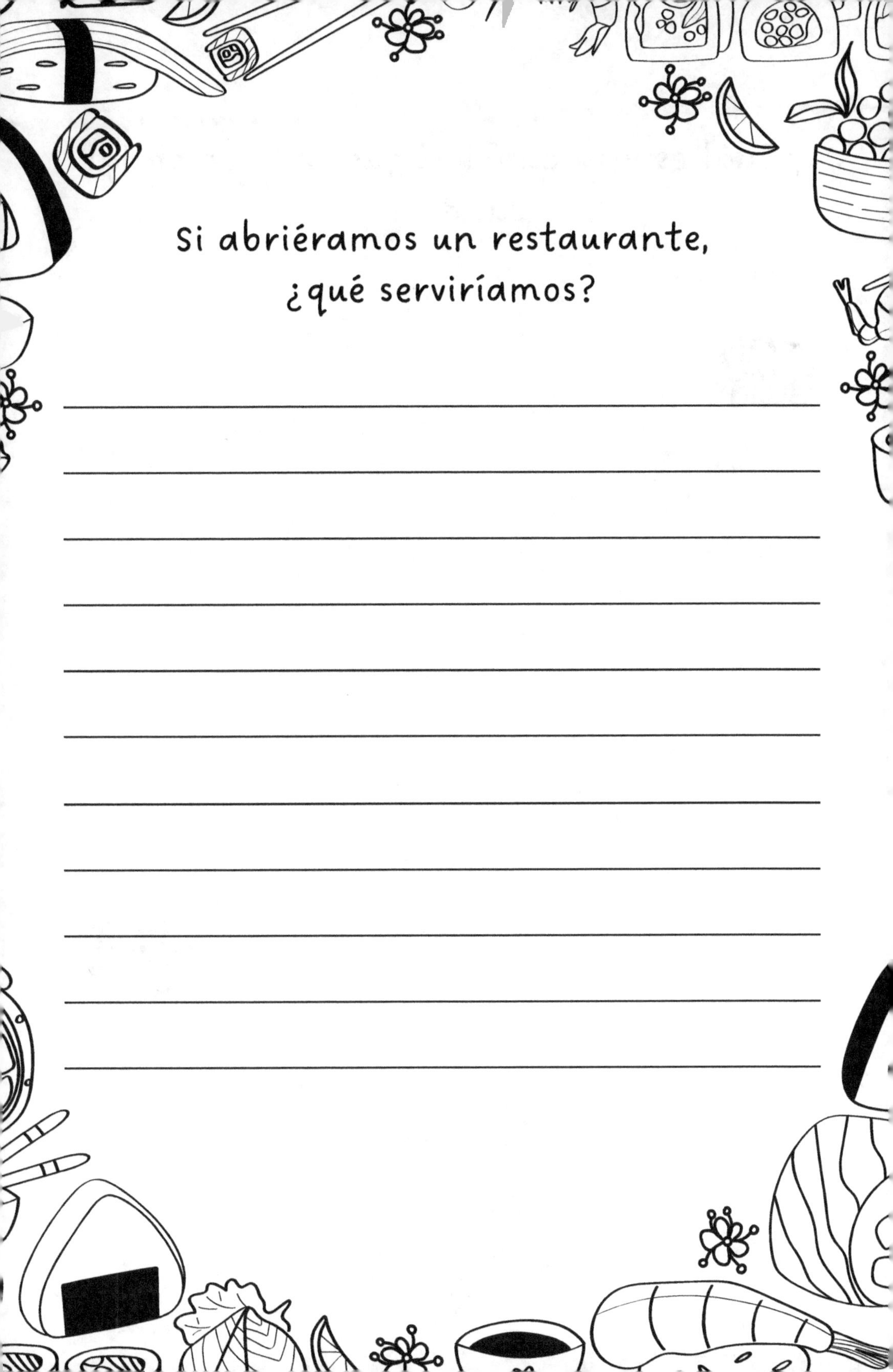

Si abriéramos un restaurante,
¿qué serviríamos?

¿Cuál es una canción que te hace bailar cada vez?

¿Cuál sería nuestras vacaciones soñadas?

MAMÁ DICE

HIJA DICE

¿Cuál sería tu trabajo soñado "solo por diversión"?

Si tuviéramos tatuajes iguales, ¿cuáles serían?

MAMÁ DICE

HIJA DICE

¿Qué es algo que siempre te hace reír?

MAMÁ DICE

HIJA DICE

Describe tu día perfecto con 5 emojis.

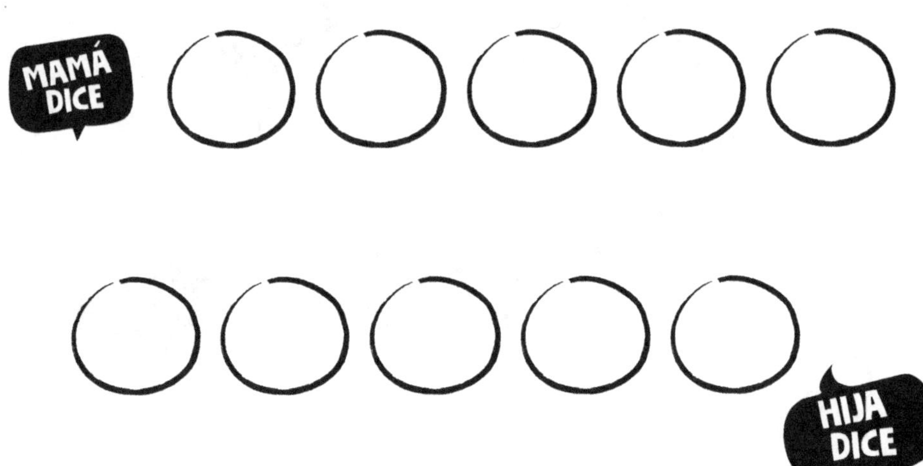

¿Cuál sería tu nombre de superheroína?

SECCIÓN DOS

HABLEMOS DE SENTIMIENTOS

¿Qué haces cuando te sientes nerviosa?

¿Qué te ayuda a calmarte cuando estás enojada?

MAMÁ DICE

HIJA DICE

MAMÁ DICE

¿Sobre qué has cambiado de opinión en el último año?

Escribe una carta corta la una a la otra que empiece con: "Me encanta cuando tú..."

MAMÁ DICE

HIJA DICE

MAMÁ DICE

¿Qué es una cosa que esperas que siempre hagamos, incluso cuando seamos mayores, como muy viejas?

¿Qué es algo que te hace sentir valiente?

MAMÁ DICE

HIJA DICE

MAMÁ DICE

¿Qué es una cosa que desearías que los adultos recordaran sobre ser niños?

Si pudiéramos enviar un mensaje a nosotras mismas dentro de 10 años, ¿qué diríamos?

MAMÁ DICE

HIJA DICE

MAMÁ DICE

¿Cómo sabes cuándo alguien es una verdadera amiga?

HIJA DICE

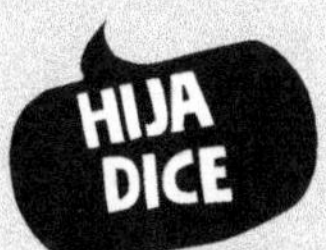

¿Cuándo fue la última vez que te sentiste realmente orgullosa?

MAMÁ DICE

HIJA DICE

MAMÁ DICE

¿Cuál es un sentimiento que te resulta difícil describir?

¿Qué es algo de lo que te da miedo hablar?

MAMÁ DICE

HIJA DICE

¿Cómo le demuestras a alguien que lo amas?

MAMÁ DICE

HIJA DICE

¿Qué te hace sentir amada por mí?

MAMÁ DICE

HIJA DICE

¿Qué haces cuando te sientes excluida?

MAMÁ DICE

HIJA DICE

¿Qué te ayuda a recuperarte después de un mal día?

¿Qué es algo que has aprendido de mí sobre la amabilidad?

¿Qué es algo que quieres que yo entienda mejor sobre ti?

MAMÁ DICE

¿Cómo se siente para ti estar a salvo?

¿Cuándo te sientes más tú misma?

SECCIÓN TRES

SECRETOS Y SUEÑOS

¿Cuál es un deseo secreto que nunca le has contado a nadie?

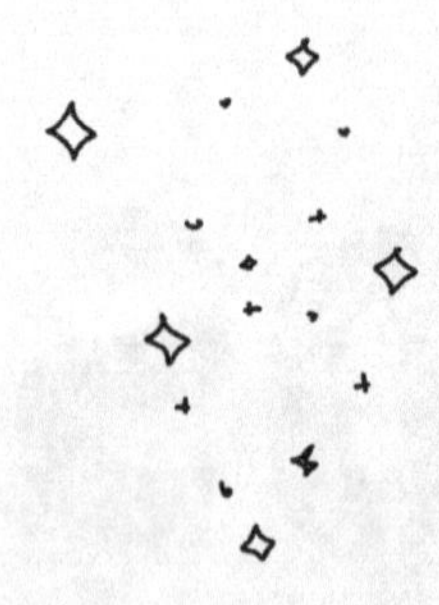

Si pudiéramos hacer realidad uno de tus sueños, ¿cuál sería?

MAMÁ DICE

HIJA DICE

¿Cómo crees que será tu trabajo en el futuro?

MAMÁ DICE

HIJA DICE

¿Cuál es un lugar al que siempre has querido ir—solo nosotras dos?

HIJA
DICE

¿Qué es una cosa que desearías poder aprender al instante?

Si pudiéramos inventar una máquina del tiempo, ¿a dónde iríamos?

Si tuvieras una guarida secreta, ¿qué habría en ella?

MAMÁ DICE

HIJA DICE

¿Cómo crees que era yo cuando era niña?

¿Cómo crees que serás cuando seas adulta?

MAMÁ DICE

¿Qué es algo que esperas que nunca cambie entre nosotras?

HIJA DICE

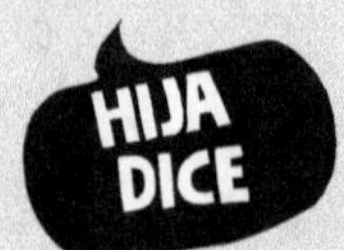

¿Qué incluiría nuestra casa soñada?

MAMÁ DICE

HIJA DICE

Si creáramos nuestro propio lenguaje secreto, ¿qué significaría una palabra?

¿Qué es algo sobre lo que te preguntas pero no has preguntado?

MAMÁ DICE

HIJA DICE

MAMÁ DICE

¿Cuál es tu sueño más loco,
divertido o extraño?

HIJA DICE

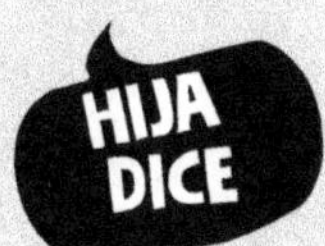

¿Sobre qué crees que sueño?

¿Qué palabra o frase podríamos decir que signifique 'Te necesito' sin que nadie más sepa lo que significa?

“

”

¿Qué es una cosa que quieres que aprendamos o intentemos juntas este año? Piensa en cocinar, manualidades, senderismo o algo totalmente nuevo.

MAMÁ DICE

HIJA DICE

Si alguna vez te sientes incómoda o quieres que intervenga en silencio, ¿qué palabra clave podríamos usar solo entre nosotras?

Soñemos juntas: ¿qué tipo de vida imagina cada una para mí cuando sea adulta?

SECCIÓN CUATRO

MAMÁ DICE

¿Cuál es tu primer recuerdo de nosotras juntas?

¿Cuál es una de tus cosas favoritas que hemos hecho juntas?

¿Cuál es un hábito o frase que ambas decimos todo el tiempo?

¿Cuándo fue una vez que nos reímos a carcajadas?

Ja Ja
Ja Ja
Ja Ja

¿Qué es algo que quieres que hagamos más seguido?

¿De qué manera somos iguales y de qué manera somos diferentes?

¿Qué tradición deberíamos empezar?

¿Qué es algo que hemos superado juntas?

MAMÁ DICE

¿Cuál es tu cosa favorita que hemos hecho juntas en los últimos 12 meses? ¿Por qué fue especial?

¿Qué es lo que más amas de nuestra familia? ¿Qué es lo que no te gusta de nuestra familia?

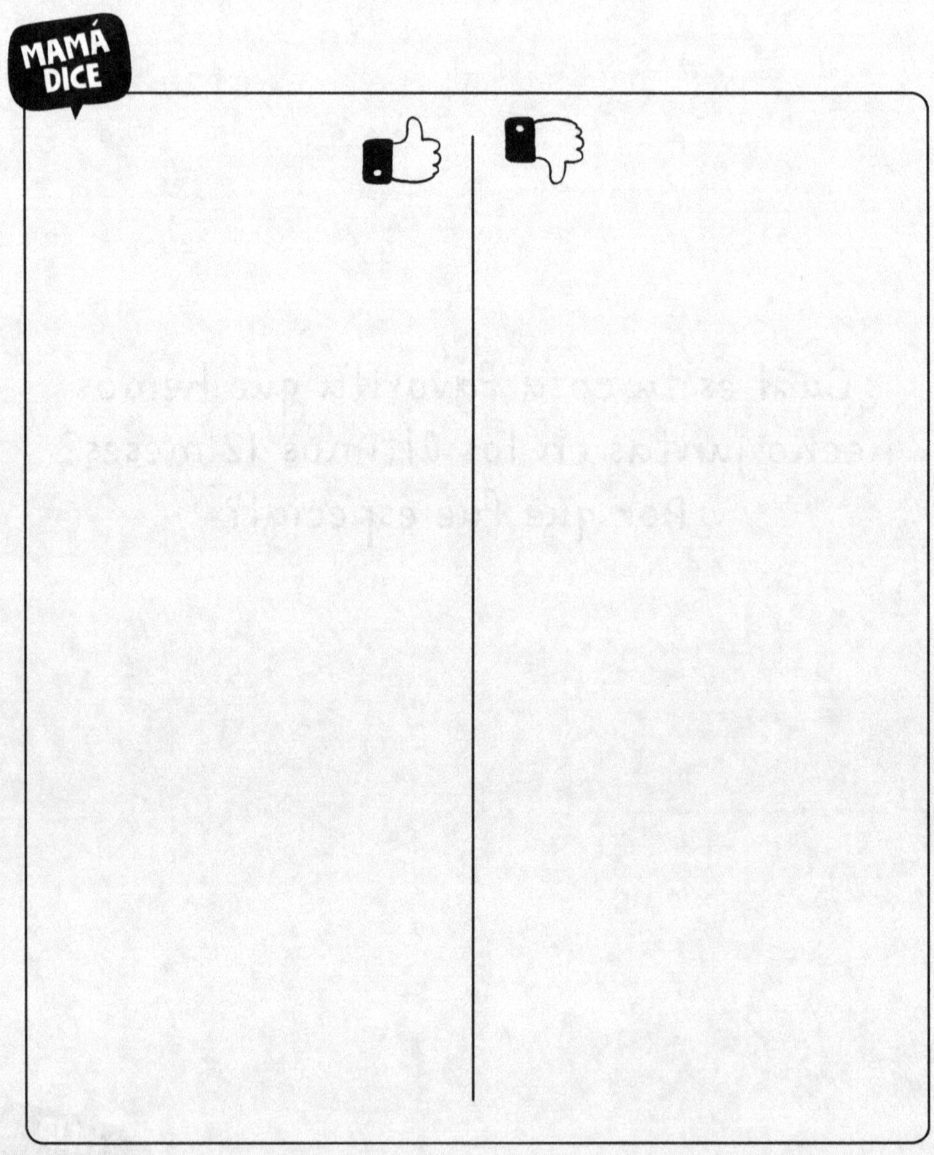

HIJA
DICE

¿Qué crees que es diferente al crecer comparado con cuando yo tenía tu edad?

¿Cuál es tu primer recuerdo de cumpleaños? ¿Cuál fue tu regalo?

MAMÁ DICE

HIJA DICE

MAMÁ DICE

¿Cuál es un recuerdo familiar que quieres que nunca olvidemos?

Creamos una lista de cosas que siempre queremos recordar la una de la otra.

MAMÁ DICE

HIJA DICE

¿Qué es algo pequeño que siempre nos hace sentir cercanas?

Si escribiéramos un libro juntas, ¿de qué trataría?

Cada una escribamos una cosa que probablemente la otra no sabe.

MAMÁ DICE

HIJA DICE

¿De qué manera te hago sentir especial?

¿De qué manera me haces sentir especial?

¿Qué palabra usarías para describir nuestra relación?

¡LO LOGRASTE!

Gracias por compartir sus corazones, sus historias y sus secretos. Para ahora, este diario está lleno de risas, recuerdos y tal vez incluso algunas lágrimas. Ya sea que hayan completado todas las páginas o solo algunas, lo que más importa es que estuvieron presentes la una para la otra—con honestidad, amabilidad y amor. Han creado algo verdaderamente especial juntas: un lugar seguro. Una colección de momentos. Un tesoro que atesorarán por muchos años. Pero esto no es el final. Sigan hablando. Sigan compartiendo. Sigan siendo el refugio la una de la otra. Y cada vez que necesiten reconectarse, abran estas páginas otra vez—o comiencen un nuevo diario.
De una mamá increíble y una hija maravillosa, esta es una historia que solo ustedes dos podrían escribir.

Con amor y felices recuerdos,
♥ Golden Wisdom Publishing

www.ingramcontent.com/pod-product-compliance
Lightning Source LLC
LaVergne TN
LVHW010837120826
845149LV00017B/1483

9781968208165